실천편

생생! 성경그리기

시작하는 글

'생생! 성경그리기'를 통해 로고스(Logos) 곧 객관적인 말씀이 레마(Rhema) 곧 주관적인 '나의 말씀'이 되는 것을 경험하게 될 것입니다.

많은 성도들이 살아계신 하나님의 말씀인 성경을 암송하고 싶어 하지만, 마음대로 되지 않는다고 말합니다. 그들을 어떻게 하면 도울 수 있을까 하는 마음에서 성경을 그리고 싶다는 열망이 생겼습니다. 이 열망을 하나님께서 '생생! 성경그리기'로 만들어 주셨습니다. 유대인이 세계를 지배하는 것은 말씀을 '중얼중얼' 하는 힘입니다. 이것이 모토(motto)가 되어 '생생! 성경그리기'가 탄생했습니다.

'생생! 성경그리기'는 먼저 성경의 주제를 정하고, 성경의 주소를 그리고, 성경 핵심 구절의 뼈대를 세웁니다. 그래서 성경의 주제와 성경의 주소와 성경 핵심 구절을 하나로 묶습니다. 그리고 이 말씀을 '중얼중얼' 하면, 성경이 그려집니다.

'생생! 성경그리기' 책은 핵심편, 실천편, 심화편, 3권으로 구성되었습니다. '생생! 성경그리기' 1권인 핵심편은 예수 그리스도와 교회와 하나님 나라로 연결되는 성경 전체를 하나의 그림으로 그려주고, '생생! 성경그리기'를 해야 하는 이유를 밝혀 주어, 말씀의 능력을 경험하게 될 것입니다. '생생! 성경그리기' 2권인 실천편은 우리가 겪는 수많은 문제 속에서 그것을 해결할 능력의 말씀들로 구성하였습니다. 예배할 때, 찬송하는 이유, 기도하는 이유, 고난이 올 때, 욕심이 올라올 때 등, 생활에서 적용할 수 있도록 해 줍니다. '생생! 성경그리기' 3권인 심화편은 성경의 주제와 주소를 일치시켜서 창세기부터 요한계시록까지 그릴 수 있도록 도와줄 것입니다.

하나님이 우리에게 말씀하시면, 성령의 역사로 혼돈과 공허와 흑암과 같은 복잡한 인생이 새롭게 됩니다. 그래서 '생생! 성경그리기' 책은 성령이 역사해야 빛이 납니다. 성경은 성령의 감동으로 기록되었기 때문입니다.

그러므로 성령의 역사가 있는 성경그리기가 되도록 기도하십시오. 그리하면 '생생! 성경그리기' 책을 한 장, 한 장, 넘길 때마다 성령의 능력으로 성경이 그려질 것입니다.

'생생! 성경그리기' 책이 출간된 것은 첫째는 하나님의 은혜요. 둘째는 그동안 기도해 주신 모든 분들의 사랑입니다.

특별히 물질로 헌신해 주신 윤정자 권사님, 봉미경 집사님, 임덕화 권사님, 양은선 집사님께 감사드리며, 성경 전체의 그림을 그려 주신 정은심 집사님에게도 감사를 드립니다. 우리가 잊을 수 없는 1907년 평양 대부흥은 말씀의 부흥이었습니다. 다시 한번 한국교회에 말씀이 흥왕하여 가는 역사가 일어나기를 소망합니다.

이 책을 소개받은 모든 분들이 '생생! 성경그리기'를 통해, 말씀이 그려지는 기적을 경험하고, 하나님을 기억하는 '묵상하는 예배자'가 되시기를 축복합니다.

정문석 목사

목 차

1 예배할 때 / 주소 그리기

히브리서 11:6 / 일(1)생일(1)대 교육(6)
요한복음 4:24 / 사(4)랑 이(2) 사(4)랑
스바냐 3:17 / 삶(3)의 일(1)치 친(7)밀

한마디로 정리하면
'일생일대 교육은 사랑 이 사랑과 삶의 일치, 친밀이다'

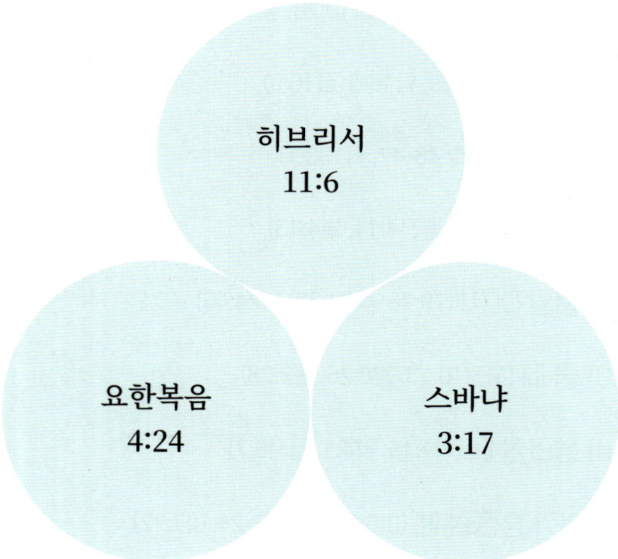

주소 그리기

말씀 그리기 말씀을 끊어서 분리하고 중얼중얼하기

믿음이 없이는 / 하나님을 기쁘시게 하지 못하나니 / 하나님께 나아가는 자는 / 반드시 그가 계신 것과 / 또한 그가 자기를 찾는 자들에게 / 상 주시는 이심을 믿어야 할지니라 (히브리서 11:6)

믿음이 없이는
하나님을 기쁘시게
하지 못하나니

하나님께
나아가는 자는
반드시
그가 계신 것과

또한 그가 자기를
찾는 자들에게
상 주시는 이심을
믿어야 할지니라

말씀 그리기

말씀 그리기 　말씀을 끊어서 분리하고 중얼중얼하기

하나님은 영이시니 / 예배하는 자가 / 영과 진리로 예배할지니라
(요한복음 4:24)

하나님은 영이시니

예배하는 자가

영과 진리로
예배할지니라

말씀 그리기

말씀 그리기 | 말씀을 끊어서 분리하고 중얼중얼하기

너의 하나님 여호와가 / 너의 가운데에 계시니 / 그는 구원을 베푸실 전능자이시라 / 그가 너로 말미암아 / 기쁨을 이기지 못하시며 / 너를 잠잠히 사랑하시며 / 너로 말미암아 즐거이 부르며 / 기뻐하시리라 하리라 (스바냐 3:17)

너의 하나님
여호와가 너희
가운데에 계시니
그는 구원을 베푸실
전능자이시라

그가 너로
말미암아 기쁨을
이기지 못하시며
너를 잠잠히
사랑하시며

너로 말미암아
즐거이 부르며
기뻐하시리라
하리라

말씀 그리기

말씀 완성 성경의 주소와 말씀의 구절을 매치 시켜 '중얼중얼' 하기

믿음이 없이는
하나님을 기쁘시게
못하나니 …
(히11:6)

하나님은
영이시니 예배하는
자가 영과 …
(요4:24)

너의 하나님
여호와가 너의
가운데에 …
(습3:17)

1 예배할 때

① 믿음(사도신경)을 가지고 상(주기도문) 주실 것을 바라보며 예배한다.
② 영(말씀)과 진리(예수)로 예배한다.
③ 하나님의 임재(성령) 가운데 예배한다.

2 찬송하는 이유 / 주소 그리기

아사야 43:21 / 사(4)랑의 삶(3) 둘(2)이 하나(1)
요한계시록 7:10 / 친(7)밀(1)한 영(0)혼
시편 150:6 / 일(1)생 오(5)늘 영(0)원히 교육(6)

한마디로 정리하면
'사랑의 삶, 둘이 하나는 친밀한 영혼과 일생 오늘 영원히 교육에서 온다'

주소 그리기

말씀 그리기 | 말씀을 끊어서 분리하고 중얼중얼하기

이 백성은 / 내가 나를 위하여 지었나니 / 나를 찬송하게 하려 함이니라
(이사야 43:21)

이 백성은

내가 나를 위하여
지었나니

나를 찬송하게
하려 함이니라

말씀 그리기

말씀 그리기 **말씀을 끊어서 분리하고 중얼중얼하기**

큰 소리로 외쳐 이르되 / 구원하심이 보좌에 앉으신 / 우리 하나님과 어린 양에게 있도다 (요한계시록 7:10)

큰 소리로 외쳐
이르되

구원하심이
보좌에 앉으신

우리 하나님과
어린 양에게 있도다

말씀 그리기

말씀 그리기 | 말씀을 끊어서 분리하고 중얼중얼하기

호흡이 있는 자마다 / 여호와를 찬양할지어다 / 할렐루야 (시편 150:6)

호흡이 있는 자마다

여호와를 찬양할지어다

할렐루야

말씀 그리기

말씀 완성 성경의 주소와 말씀의 구절을 매치 시켜 '중얼중얼' 하기

이 백성은
내가 나를 위하여
지었나니 …
(사43:21)

큰 소리로 외쳐
이르되 구원하심이
보좌에 …
(계7:10)

호흡이 있는 자
마다 여호와를
찬양할지어다 …
(시150:6)

2 찬송하는 이유

① 나를 지었음을 찬송한다. ② 나를 구원하심을 찬송한다.
③ 내가 살아 있음에 찬송한다.

3 기도하는 이유 / 주소 그리기

에스겔 36:36-37 / 삼(3)육(6) 땡(36) 친(7)밀
마태복음 26:41 / 이(2) 육(6)신의 사(4)욕을 일(1)삼는 자여!
베드로전서 4:7 / 사(4)랑 친(7)밀

한마디로 정리하면
'삼육 땡 친밀은 이 육신의 사욕을 일삼는 자와는 사랑 친밀하면 안된다'

에스겔
36:36-37

마태복음
26:41

베드로전서
4:7

주소 그리기

말씀 그리기 말씀을 끊어서 분리하고 중얼중얼하기

나 여호와가 말하였으니 / 이루리라 / 주 여호와께서 / 이같이 말씀하셨느니라 / 그래도 이스라엘 족속이 / 이같이 자기들에게 / 이루어 주기를 / 내게 구하여야 할지라 (에스겔 36:36-37)

나 여호와가
말하였으니
이루리라

주 여호와께서
이같이 말씀
하셨느니라 그래도
이스라엘 족속이

이같이
자기들에게 이루어
주기를 내게
구하여야 할지라

말씀 그리기

말씀 그리기 **말씀을 끊어서 분리하고 중얼중얼하기**

시험에 들지 않게 깨어 기도하라 / 마음에는 원이로되 / 육신이 약하도다 하시고 (마태복음 26:41)

시험에 들지 않게 깨어 기도하라

마음에는 원이로되

육신이 약하도다 하시고

말씀 그리기

말씀 그리기 | 말씀을 끊어서 분리하고 중얼중얼하기

만물의 마지막이 가까이 왔으니 / 그러므로 너희는 정신을 차리고 / 근신하여 기도하라 (베드로전서 4:7)

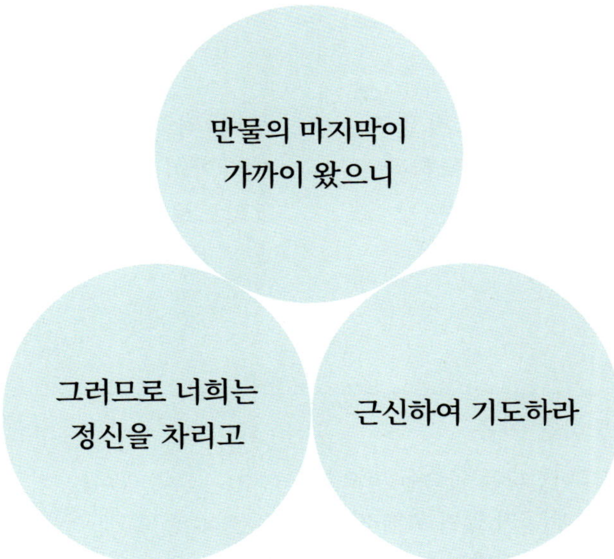

말씀 그리기

말씀 완성 성경의 주소와 말씀의 구절을 매치 시켜 '중얼중얼' 하기

나 여호와가
말하였으니
이루리라 …
(겔36:36-37)

시험에 들지 않게
깨어 기도하라
마음에는 …
(마26:41)

만물의 마지막이
가까이 왔으니
그러므로 너희는 …
(벧전4:7)

3 기도하는 이유

① 이루어진다는 약속을 믿고 기도하라(기도의 공식).
② 시험에 들지 않기 위해 기도하라.
③ 만물의 마지막이 가까이 왔으니, 정신 차리고 기도하라.

4 마귀의 정체 / 주소 그리기

요한복음 8:44 / 팔(8)팔하게 사(4)는 사(4)람아
요한일서 4:3 / 사(4)랑의 삶(3)
요한계시록 12:9 / 하나(1)님이(2) 구(9)원한다.

한마디로 정리하면
'팔팔하게 사는 사람아! 사랑의 삶을 살 때, 하나님이 구원한다'

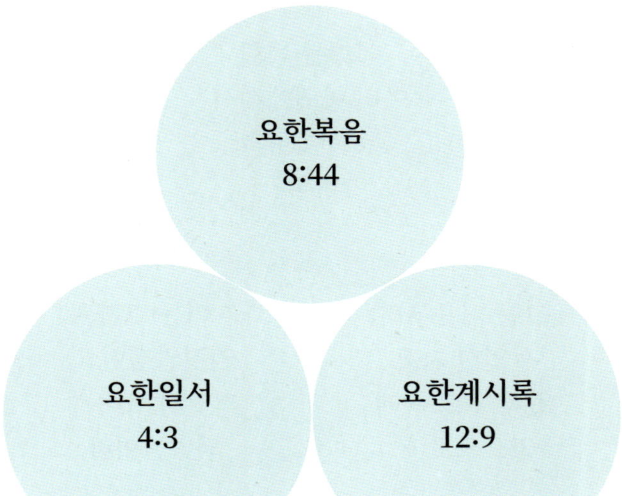

주소 그리기

말씀 그리기 말씀을 끊어서 분리하고 중얼중얼하기

너희는 너희 아비 마귀에게서 났으니 / 너희 아비의 욕심대로 / 너희도 행하고자 하느니라 / 그는 처음부터 살인한 자요 / 진리가 그 속에 없으므로 / 진리에 서지 못하고 / 거짓을 말할 때마다 / 제 것으로 말하나니 / 이는 그가 거짓말쟁이요 / 거짓의 아비가 되었음이라 (요한복음 8:44)

너희는 너희
아비 마귀에게서
났으니 너희
아비의 …

그는 처음부터
살인한 자요
진리가 그 속에
없으므로 …

이는 그가
거짓말쟁이요
거짓의 아비가
되었음이라

말씀 그리기

말씀 그리기 말씀을 끊어서 분리하고 중얼중얼하기

예수를 시인하지 아니하는 영마다 / 하나님께 속한 것이 아니니 / 이것이 곧 적그리스도의 영이니라 / 오리라 한 말을 너희가 들었거니와 / 지금 벌써 세상에 있느니라 (요한일서 4:3)

예수를 시인하지
아니하는 영마다
하나님께 속한
것이 아니니

이것이 곧
적그리스도의
영이니라

오리라 한 말을
너희가 들었거니와
지금 벌써 세상에
있느니라

말씀 그리기

말씀 그리기 **말씀을 끊어서 분리하고 중얼중얼하기**

큰 용이 내쫓기니 / 옛 뱀 / 곧 마귀라고도 하고 / 사탄이라고도 하며 / 온 천하를 꾀는 자라 / 그가 땅으로 내쫓기니 / 그의 사자들도 / 그와 함께 내쫓기니라 (요한계시록 12:9)

큰 용이 내쫓기니
옛 뱀 곧
마귀라고도 하고

사탄이라고도
하며 온 천하를
꾀는 자라 그가
땅으로 내쫓기니

그의 사자들도
그와 함께
내쫓기니라

말씀 그리기

말씀 완성 성경의 주소와 말씀의 구절을 매치 시켜 '중얼중얼' 하기

너희는 너희 아비
마귀에서서 났으니
너희 아비의 …
(요8:44)

예수를 시인하지
아니하는 영마다
하나님께 속한 …
(요일4:3)

큰 용이 내쫓기니
옛 뱀 곧
마귀라고도 하고 …
(계12:9)

4 마귀의 정체

① 살인자요 거짓말쟁이다. ② 적그리스도의 영이다.
③ 옛 뱀 곧 마귀, 사탄이다 (요일5:19).

5 이단 분별법 / 주소 그리기

요한일서 4:1 / 사(4)망의 일(1)
마태복음 24:24 / 이(2) 사(4)망 이(2) 사(4)망
베드로후서 2:14 / 이(2)단은 일(1)생 동안 사(4)망으로 이끄는 저주의 자식이다.

한마디로 정리하면
'사망의 일, 이 사망, 이 사망, 이단은 일생동안 사망으로 이끄는 저주의 자식이다'

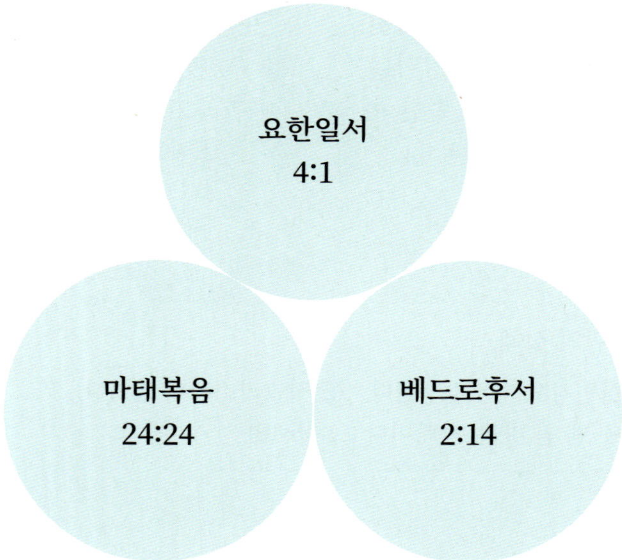

주소 그리기

말씀 그리기 **말씀을 끊어서 분리하고 중얼중얼하기**

사랑하는 자들아 / 영을 다 믿지 말고 / 오직 영들이 / 하나님께 속하였나 분별하라 / 많은 거짓 선지자가 / 세상에 나왔음이라 (요한일서 4:1)

사랑하는 자들아
영을 다 믿지
말고

오직 영들이
하나님께 속하였나
분별하라

많은 거짓
선지자가 세상에
나왔음이라

말씀 그리기

말씀 그리기 | 말씀을 끊어서 분리하고 중얼중얼하기

거짓 그리스도들과 / 거짓 선지자들이 일어나 / 큰 표적과 기사를 보여 / 할 수만 있으면 / 택하신 자들도 미혹하리라 (마태복음 24:24)

거짓 그리스도들과
거짓 선지자들이
일어나

큰 표적과 기사를
보여 할 수만
있으면

택하신 자들도
미혹하리라

말씀 그리기

말씀 그리기 | 말씀을 끊어서 분리하고 중얼중얼하기

음심이 가득한 눈을 가지고 / 범죄하기를 그치지 아니하고 / 굳세지 못한 영혼들을 유혹하며 / 탐욕에 연단된 마음을 가진 자들이니 / 저주의 자식이라 (베드로후서 2:14)

음심이 가득한
눈을 가지고
범죄하기를 그치지
아니하고

굳세지 못한
영혼들을 유혹하며

탐욕에 연단된
마음을 가진
자들이니 저주의
자식이라

말씀 그리기

말씀 완성 성경의 주소와 말씀의 구절을 매치 시켜 '중얼중얼' 하기

사랑하는 자들아 영을 다 믿지 말고 오직 …
(요일4:1)

거짓 그리스도들과 거짓 선지자들이 일어나 …
(마24:24)

음심이 가득한 눈을 가지고 범죄하기를 …
(벧후2:14)

5 이단 분별법

① 영을 다 믿지 말고 분별하라. ② 표적과 기사를 다 믿지 말라.
③ 유혹을 조심하라.

6 우리가 싸워야 할 대상 / 주소 그리기

에베소서 6:12 / 육(6)신의 일(1)이(2)
히브리서 12:4 / 하나(1)님이(2) 사(4)람에게
베드로전서 5:8 / 오(5)늘도 팔(8)팔하게

한마디로 정리하면
'육신의 일이, 하나님이 사람에게, 오늘도 팔팔하게'

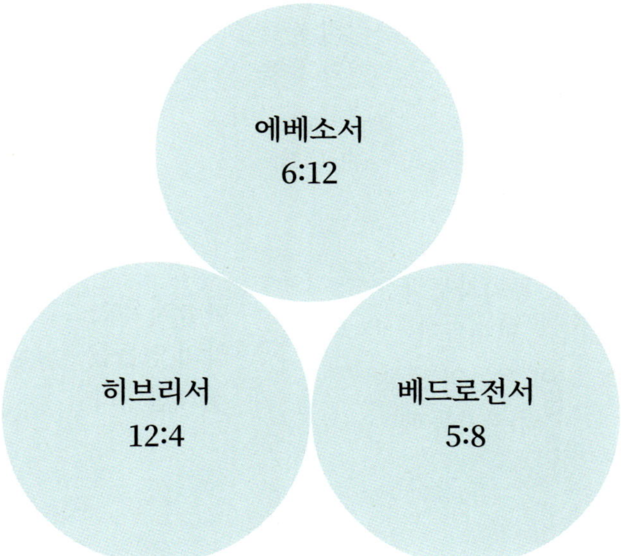

주소 그리기

말씀 그리기 **말씀을 끊어서 분리하고 중얼중얼하기**

우리의 씨름은 / 혈과 육을 상대하는 것이 아니요 / 통치자들과 권세들과 / 이 어둠의 세상 주관자들과 / 하늘에 있는 악의 영들을 상대함이라 (에베소서 6:12)

우리의 씨름은
혈과 육을
상대하는 것이
아니요

통치자들과
권세들과
이 어둠의 세상
주관자들과

하늘에 있는
악의 영들을
상대함이라

말씀 그리기

말씀 그리기 **말씀을 끊어서 분리하고 중얼중얼하기**

너희가 죄와 싸우되 / 아직 피 흘리기까지는 / 대항하지 아니하고
(히브리서 12:4)

너희가 죄와
싸우되

아직 피 흘리기
까지는

대항하지
아니하고

말씀 그리기

말씀 그리기 **말씀을 끊어서 분리하고 중얼중얼하기**

근신하라 깨어라 / 너희 대적 마귀가 / 우는 사자 같이 두루 다니며 / 삼킬 자를 찾나니 (베드로전서 5:8)

근신하라 깨어라
너희 대적 마귀가

우는 사자 같이
두루 다니며

삼킬 자를 찾나니

말씀 그리기

말씀 완성 성경의 주소와 말씀의 구절을 매치 시켜 '중얼중얼' 하기

우리의
씨름은 혈과
육을 상대하는
것이 아니요 …
(엡6:12)

너희가 죄와
싸우되 아직
피흘리기까지 …
(히12:4)

근신하라
깨어라 너희
대적 마귀가 우는
사자 같이 …
(벧전5:8)

6 우리가 싸워야 할 대상

① 악한 영들을 상대함이라. ② 죄와 싸워라. ③ 마귀를 대적하라.

7 사람이 사는 법 / 주소 그리기

마태복음 4:4 / 사(4)람이 사(4)는 법
고린도후서 4:18 / 사(4)랑 일(1)생 팔(8)팔하게
히브리서 9:27 / 구(9)원을 이(2)루면 친(7)밀하다

한마디로 정리하면
'사람이 사는 법은 사랑 일생 팔팔하게, 구원을 이루면 친밀하다'

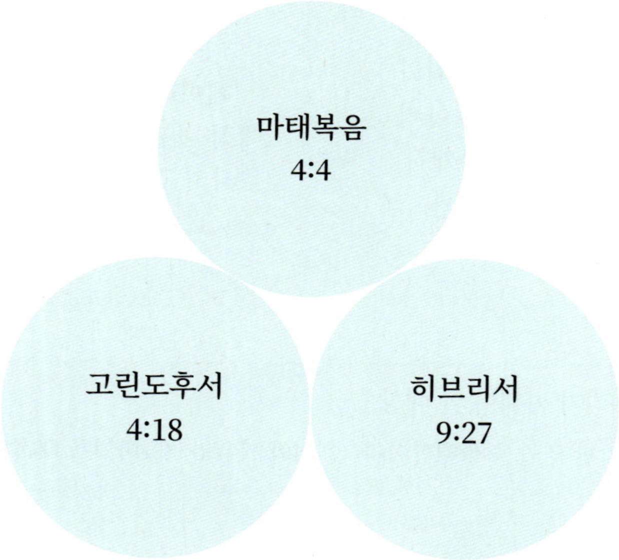

주소 그리기

말씀 그리기 | 말씀을 끊어서 분리하고 중얼중얼하기

예수께서 대답하여 이르시되 / 기록되었으되 / 사람이 떡으로만 살 것이 아니요 / 하나님의 입으로부터 / 나오는 모든 말씀으로 / 살 것이라 하였느니라 하시니 (마태복음 4:4)

예수께서 대답하여
이르시되
기록되었으되

사람이 떡으로만
살 것이 아니요
하나님의 입으로부터

나오는 모든 말씀으로
살 것이라
하였느니라 하시니

말씀 그리기

말씀 그리기 | 말씀을 끊어서 분리하고 중얼중얼하기

우리가 주목하는 것은 / 보이는 것이 아니요 / 보이지 않는 것이니 / 보이는 것은 잠깐이요 / 보이지 않는 것은 영원함이라 (고린도후서 4:18)

우리가 주목하는 것은 보이는 것이 아니요

보이지 않는 것이니 보이는 것은 잠깐이요

보이지 않는 것은 영원함이라

말씀 그리기

말씀 그리기 　말씀을 끊어서 분리하고 중얼중얼하기

한번 죽는 것은 / 사람에게 정해진 것이요 / 그 후에는 심판이 있으리니
(히브리서 9:27)

한번 죽는 것은

사람에게 정해진 것이요

그 후에는 심판이 있으리니

말씀 그리기

말씀 완성 성경의 주소와 말씀의 구절을 매치 시켜 '중얼중얼' 하기

예수께서
대답하여 이르시되
기록되었으되 …
(마4:4)

우리가 주목하는
것은 보이는 것이
아니요 …
(고후4:18)

한번 죽는 것은
사람에게 정해진
것이요 …
(히9:27)

7 사람이 사는 법

①말씀으로 산다. ②영원한 것을 추구하며 산다.
③심판이 있음을 기억하고 산다.

8 사용할 이름 예수 / 주소 그리기

마태복음 1:21 / 하나(1)님이(2) 하신 일(1)
사도행전 3:6 / 삶(3)의 교육(6)
사도행전 4:12 / 사(4)용할(1) 이(2)름

한마디로 정리하면
'하나님이 하신 일은 삶의 교육과 사용할 이름이다'

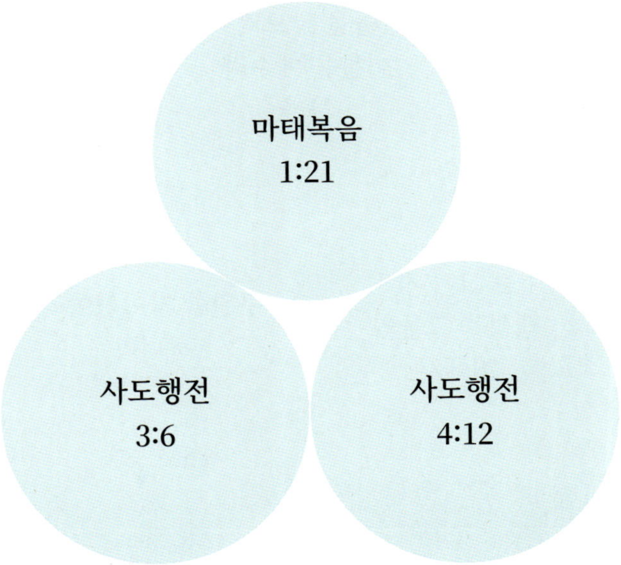

주소 그리기

말씀 그리기 말씀을 끊어서 분리하고 중얼중얼하기

아들을 낳으리니 / 이름을 예수라 하라 / 이는 그가 자기 백성을 / 그들의 죄에서 / 구원할 자이심이라 하니라 (마태복음 1:21)

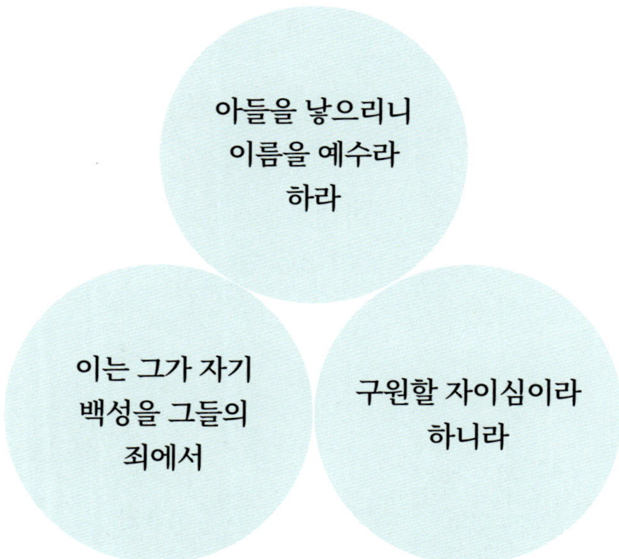

말씀 그리기

말씀 그리기 　말씀을 끊어서 분리하고 중얼중얼하기

베드로가 이르되 / 은과 금은 내게 없거니와 / 내게 있는 이것을 네게 주노니 / 나사렛 예수 그리스도의 이름으로 / 일어나 걸으라 하고 (사도행전 3:6)

베드로가 이르되 은과 금은 내게 없거니와

내게 있는 이것을 네게 주노니

나사렛 예수 그리스도의 이름으로 일어나 걸으라 하고

말씀 그리기

말씀 그리기 | 말씀을 끊어서 분리하고 중얼중얼하기

다른 이로써는 / 구원을 받을 수 없나니 / 천하 사람 중에 / 구원을 받을 만한 다른 이름을 / 우리에게 주신 일이 없음이라 하였더라 (사도행전 4:12)

다른 이로써는
구원을 받을 수
없나니

천하 사람 중에
구원을 받을 만한
다른 이름을

우리에게 주신
일이 없음이라
하였더라

말씀 그리기

말씀 완성 성경의 주소와 말씀의 구절을 매치 시켜 '중얼중얼' 하기

아들을 낳으리니
이름을 예수라
하라 이는 …
(마1:21)

베드로가 이르되
은과 금은 내게
없거니와 …
(행3:6)

다른 이로써는
구원을 받을 수
없나니 …
(행4:12)

8 사용할 이름 예수

①구원의 이름 예수. ②은과 금이 없어도 내게 있는 이름 예수.
③다른 이름이 없으니 오직 예수.

9 왜 충성할 수 없을까? / 주소 그리기

요한복음 10:10 / 한(1) 영(0)혼, 한(1) 영(0)혼
디모데전서 1:12 / 일(1)생일(1)대 일이(2)
레위기 11:45 / 일(1)생 하나(1)님 사(4)랑하오(5)

한마디로 정리하면
'한 영혼 한 영혼은 일생일대 일이 일생 하나님 사랑하오'

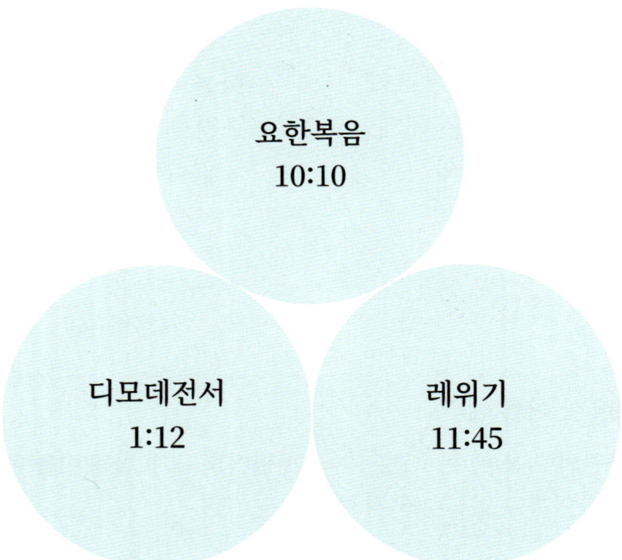

주소 그리기

말씀 그리기 | 말씀을 끊어서 분리하고 중얼중얼하기

도둑이 오는 것은 / 도둑질하고 죽이고 멸망시키려는 것뿐이요 / 내가 온 것은 / 양으로 생명을 얻게 하고 / 더 풍성히 얻게 하려는 것이라 (요한복음 10:10)

도둑이 오는 것은
도둑질하고 죽이고
멸망시키려는
것뿐이요

내가 온 것은
양으로 생명을
얻게하고

더 풍성히 얻게
하려는 것이라

말씀 그리기

말씀 그리기 말씀을 끊어서 분리하고 중얼중얼하기

나를 능하게 하신 / 그리스도 예수 우리 주께 감사함은 / 나를 충성되이 여겨 / 내게 직분을 맡기심이니 (디모데전서 1:12)

나를 능하게 하신
그리스도 예수
우리 주께 감사함은

나를 충성되이
여겨

내게 직분을
맡기심이니

말씀 그리기

말씀 그리기 말씀을 끊어서 분리하고 중얼중얼하기

나는 너희의 하나님이 되려고 / 너희를 애굽 땅에서 / 인도하여 낸 여호와라 / 내가 거룩하니 너희도 거룩할지어다 (레위기 11:45)

나는 너희의
하나님이 되려고

너희를 애굽
땅에서 인도하여
낸 여호와라

내가 거룩하니
너희도
거룩할지어다

말씀 그리기

말씀 완성 성경의 주소와 말씀의 구절을 매치 시켜 '중얼중얼' 하기

도둑이 오는 것은
도둑질하고 죽이고
멸망시키려는 …
(요10:10)

나를 능하게 하신
그리스도 예수 …
(딤전1:12)

나는 너희의
하나님이 되려고
너희를 애굽 땅 …
(레위기11:45)

9 왜 충성할 수 없을까?

① 풍성을 경험하지 못 했기 때문이다.
② 직분에 대한 감사를 잃어버렸기 때문이다.
③ 거룩하게 살지 못하기 때문이다(충성 & 거룩한 삶).

10 우리가 꼭 알아야 할 세 가지 / 주소 그리기

요한복음 16:9 / 일(1)생 교육(6) 구(9)원

요한복음 16:10 / 일(1)생 교육(6) 한(1) 영(0)혼

요한복음 16:11 / 일(1)생 교육(6) 하루(1) 한(1) 영혼

한마디로 정리하면

'일생 교육 구원 하루 한 영혼' (요한복음 16:9-11)

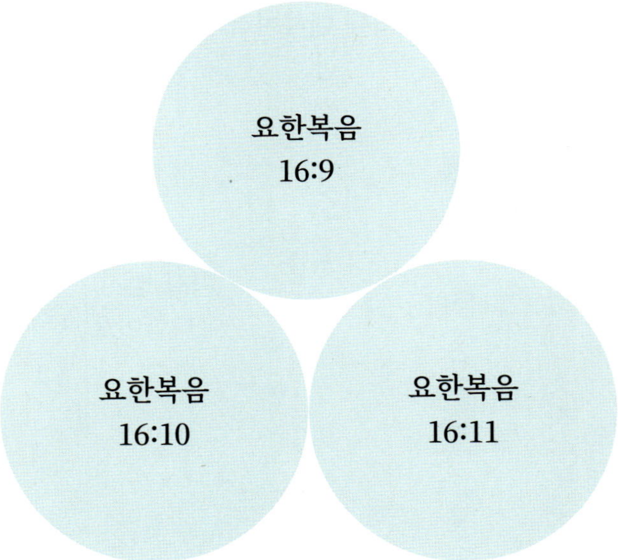

주소 그리기

말씀 그리기 | 말씀을 끊어서 분리하고 중얼중얼하기

죄에 대하여라 함은 / 그들이 나를 믿지 아니함이요 (요한복음 16:9)

죄에 대하여라
함은

그들이

나를 믿지
아니함이요

말씀 그리기

말씀 그리기 말씀을 끊어서 분리하고 중얼중얼하기

의에 대하여라 함은 / 내가 아버지께로 가니 / 너희가 다시 나를 보지 못함이요 (요한복음 16:10)

의에 대하여라
함은

내가 아버지께로
가니

너희가 다시 나를
보지 못함이요

말씀 그리기

말씀 그리기 말씀을 끊어서 분리하고 중얼중얼하기

심판에 대하여라 함은 / 이 세상 임금이 / 심판을 받았음이라 (요한복음 16:11)

심판에 대하여라 함은

이 세상 임금이

심판을 받았음이라

말씀 그리기

말씀 완성 성경의 주소와 말씀의 구절을 매치 시켜 '중얼중얼' 하기

죄에 대하여라
함은 …
(요16:9)

의에 대하여라
함은 …
(요16:10)

심판에 대하여라
함은 …
(요16:11)

10 우리가 꼭 알아야 할 세 가지

① 죄에 대하여　② 의에 대하여　③ 심판에 대하여

11 항상 있어야 할 것 / 주소 그리기

고린도전서 13:13 / 일(1)생 삶(3) 일생(1) 삶(3)
신명기 29:4 / 이(2) 구(9)원 사(4)랑
데살로니가전서 5:16-18 / 오(5) 일(1)생 교육(6) 팔(8)팔하게

한마디로 정리하면
'일생 삶, 일생 삶은 이 구원 사랑과 오 일생 교육 팔팔하게'

고린도전서
13:13

신명기
29:4

데살로니가전서
5:16-18

주소 그리기

말씀 그리기 말씀을 끊어서 분리하고 중얼중얼하기

그런즉 / 믿음 소망 사랑 / 이 세 가지는 / 항상 있을 것인데 / 그 중의 제일은 사랑이라 (고린도전서 13:13)

그런즉
믿음 소망 사랑

이 세 가지는
항상 있을 것인데

그 중의 제일은
사랑이라

말씀 그리기

말씀 그리기 **말씀을 끊어서 분리하고 중얼중얼하기**

그러나 깨닫는 마음과 / 보는 눈과 / 듣는 귀는 / 오늘 여호와께서 / 너희에게 주지 아니하셨느니라 (신명기 29:4)

그러나 깨닫는
마음과 보는 눈과
듣는 귀는

오늘 여호와께서

너희에게 주지
아니하셨느니라

말씀 그리기

말씀 그리기 **말씀을 끊어서 분리하고 중얼중얼하기**

항상 기뻐하라 / 쉬지 말고 기도하라 / 범사에 감사하라 / 이것이 그리스도 예수 안에서 / 너희를 향하신 / 하나님의 뜻이니라 (데살로니가전서 5:16-18)

항상 기뻐하라
쉬지 말고
기도하라

범사에 감사하라
이것이 그리스도
예수 안에서

너희를 향하신
하나님의 뜻이니라

말씀 그리기

말씀 완성 | 성경의 주소와 말씀의 구절을 매치 시켜 '중얼중얼' 하기

그런즉
믿음 소망 사랑
이 세 가지는 …
(고전13:13)

그러나 깨닫는
마음과 보는 눈과
듣는 귀는 …
(신29:4)

항상 기뻐하라
쉬지 말고
기도하라 …
(살전5:16-18)

11 항상 있어야 할 것

① 믿음, 소망, 사랑. ② 듣는 귀, 깨닫는 마음, 보는 눈.
③ 기뻐하라. 기도하라. 감사하라.

12 믿음, 소망, 사랑은 무엇인가? / 주소 그리기

잠언 3:5-6 / 삶(3) 오(5)늘 교육(6)
시편 130:5-6 / 하루(1) 삶(3) 영(0)원히 오(5)늘 교육(6)
신명기 6:4-5 / 교육(6) 사(4)랑 오(5)늘

한마디로 정리하면
'삶, 오늘 교육은 하루 삶, 영원히 오늘 교육과 교육 사랑 오늘이다'

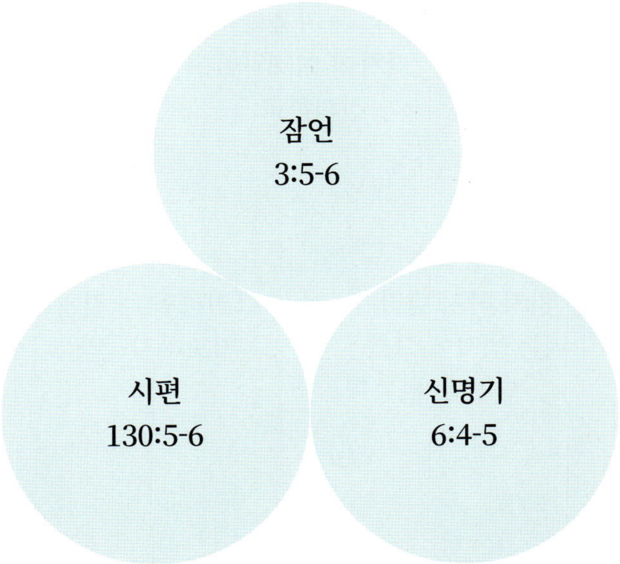

주소 그리기

말씀 그리기 **말씀을 끊어서 분리하고 중얼중얼하기**

너는 마음을 다하여 / 여호와를 신뢰하고 / 네 명철을 의지하지 말라 / 너는 범사에 그를 인정하라 / 그리하면 네 길을 지도하시리라 (잠언 3:5-6)

너는 마음을
다하여 여호와를
신뢰하고

네 명철을
의지 하지 말라
너는 범사에 그를
인정하라

그리하면 네 길을
지도하시리라

말씀 그리기

말씀 그리기 말씀을 끊어서 분리하고 중얼중얼하기

나 곧 내 영혼은 / 여호와를 기다리며 / 나는 주의 말씀을 바라는도다 / 파수꾼이 아침을 기다림보다 / 내 영혼이 주를 더 기다리나니 / 참으로 파수꾼이 / 아침을 기다림보다 더하도다 (시편 130:5-6)

나 곧 내 영혼은
여호와를 기다리며
나는 주의 말씀을
바라는도다

파수꾼이 아침을
기다림보다 내
영혼이 주를 더
기다리나니

참으로 파수꾼이
아침을 기다림보다
더하도다

말씀 그리기

말씀 그리기 말씀을 끊어서 분리하고 중얼중얼하기

이스라엘아 들으라 / 우리 하나님 여호와는 / 오직 유일한 여호와이시니 / 너는 마음을 다하고 / 뜻을 다하고 / 힘을 다하여 / 네 하나님 여호와를 사랑하라 (신명기 6:4-5)

이스라엘아
들으라 우리
하나님 여호와는

오직 유일한
여호와이시니 너는
마음을 다하고
뜻을 다하고

힘을 다하여 네
하나님 여호와를
사랑하라

말씀 그리기

말씀 완성 성경의 주소와 말씀의 구절을 매치 시켜 '중얼중얼' 하기

너는 마음을
다하여 여호와를
신뢰하고 …
(잠3:5-6)

나 곧 내 영혼은
여호와를 기다리며
나는 주의 말씀 …
(시130:5-6)

이스라엘아
들으라 우리
하나님 여호와는
오직 유일한 …
(신6:4-5)

12 믿음, 소망, 사랑은 무엇인가?

① 믿음은 '인정하고, 의식하고, 맡기고' 이다.

② 소망은 '기대하고, 고대하고, 사모하고' 이다.

③ 사랑은 '마음을 다하여, 뜻을 다하여, 힘을 다하여' 한다.

13 나는 할 수 있다 / 주소 그리기

누가복음 1:37 / 일생(1) 삶(3)의 친(7)밀
마가복음 9:23 / 구(9)원하여 이(2)루는 삶(3)
마가복음 9:29 / 구(9)하여 이(2)루는 구(9)원

한마디로 정리하면
'일생 삶의 친밀은 구원하여 이루는 삶과 구하여 이루는 구원이다'

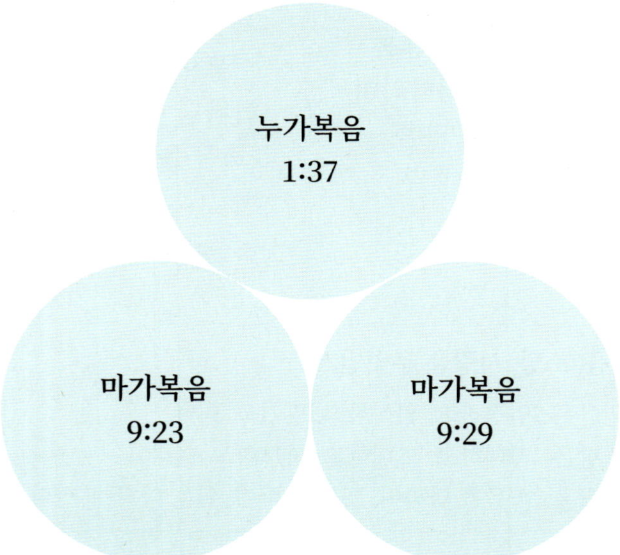

주소 그리기

말씀 그리기 말씀을 끊어서 분리하고 중얼중얼하기

대저 하나님의 모든 말씀은 / 능하지 못하심이 / 없느니라 (누가복음 1:37)

대저 하나님의
모든 말씀은

능하지 못하심이

없느니라

말씀 그리기

말씀 그리기 말씀을 끊어서 분리하고 중얼중얼하기

예수께서 이르시되 / 할 수 있거든이 무슨 말이냐 / 믿는 자에게는 / 능히 하지 못할 일이 없느니라 하시니 (마가복음 9:23)

예수께서 이르시되
할 수 있거든이
무슨 말이냐

믿는 자에게는

능히 하지 못할
일이 없느니라
하시니

말씀 그리기

말씀 그리기 | 말씀을 끊어서 분리하고 중얼중얼하기

이르시되 기도 외에 / 다른 것으로는 이런 종류가 / 나갈 수 없느니라 하시니라

(마가복음 9:29)

이르시되 기도 외에

다른 것으로는
이런 종류가

나갈 수 없느니라
하시니라

말씀 그리기

말씀 완성 성경의 주소와 말씀의 구절을 매치 시켜 '중얼중얼' 하기

대저 하나님의
모든 말씀은
능하지 …
(눅1:37)

예수께서
이르시되 할 수
있거든이 …
(막9:23)

이르시되 기도
외에 다른 것으로는
이런 종류가 …
(막9:29)

13 나는 할 수 있다.

① 나는 말씀으로 할 수 있다. ② 나는 믿음으로 할 수 있다.
③ 나는 기도로 할 수 있다.

14 단순기도 & 능력기도 / 주소 그리기

잠언 8:17 / 팔(8)딱 일(1)어나 친(7)구야!
예레미야 33:3 / 삼(3)삼(3)한 삶(3)
잠언 16:3 / 일(1)생 교육(6) 삶(3)

한마디로 정리하면
'팔딱 일어나 친구야! 삼삼한 삶은 일생 교육 삶이다'

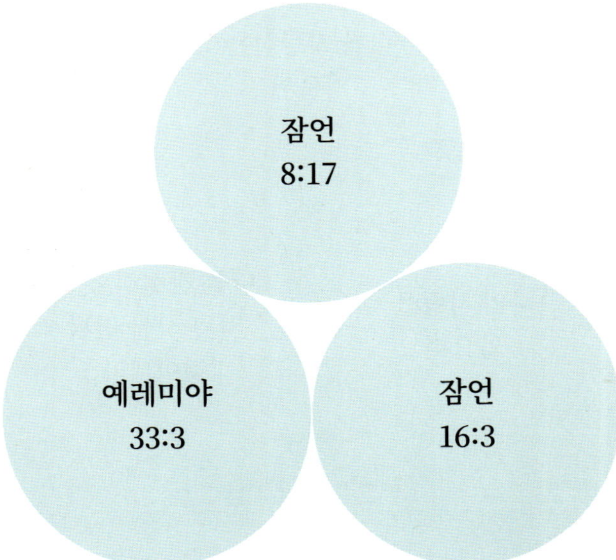

주소 그리기

말씀 그리기 　말씀을 끊어서 분리하고 중얼중얼하기

나를 사랑하는 자들이 / 나의 사랑을 입으며 / 나를 간절히 찾는 자가 / 나를 만날 것이니라 (잠언 8:17)

나를 사랑하는 자들이

나의 사랑을 입으며

나를 간절히 찾는 자가 나를 만날 것이니라

말씀 그리기

말씀 그리기 | 말씀을 끊어서 분리하고 중얼중얼하기

너는 내게 부르짖으라 / 내가 네게 응답하겠고 / 네가 알지 못하는 / 크고 은밀한 일을 / 네게 보이리라 (예레미야 33:3)

너는 내게
부르짖으라

내가 네게
응답하겠고 네가
알지 못하는

크고 은밀한 일을
네게 보이리라

말씀 그리기

말씀 그리기 말씀을 끊어서 분리하고 중얼중얼하기

너의 행사를 여호와께 맡기라 / 그리하면 네가 경영하는 것이 / 이루어 지리라 (잠언 16:3)

너의 행사를
여호와께 맡기라

그리하면 네가
경영하는 것이

이루어지리라

말씀 그리기

말씀 완성 성경의 주소와 말씀의 구절을 매치 시켜 '중얼중얼' 하기

나를 사랑하는
자들이 나의
사랑을 …
(잠8:17)

너는 내게
부르짖으라 내가
네게 응답 …
(렘33:3)

너의 행사를
여호와께 맡기라
그리하면 …
(잠16:3)

14 단순기도 & 능력기도

① 사랑합니다. ② 부탁합니다. ③ 맡깁니다.

15 아침기도 & 저녁기도 & 식사기도 / 주소 그리기

시편 3:5 / 삶(3)의 오(5)늘
시편 4:8 / 사(4)랑 팔(8)팔하게
시편 136:25 / 일생(1) 삶(3)의 교육(6)이(2)오(5)

한마디로 정리하면
'삶의 오늘은 사랑 팔팔하게, 일생 삶의 교육이오'

시편
3:5

시편
4:8

시편
136:25

주소 그리기

말씀 그리기 | 말씀을 끊어서 분리하고 중얼중얼하기

내가 누워 자고 깨었으니 / 여호와께서 / 나를 붙드심이로다 (시편 3:5)

내가 누워 자고
깨었으니

여호와께서

나를 붙드심이로다

말씀 그리기

말씀 그리기 말씀을 끊어서 분리하고 중얼중얼하기

내가 평안히 눕고 / 자기도 하리니 / 나를 안전히 살게 하시는 이는 / 오직 여호와이시니이다 (시편 4:8)

내가 평안히 눕고
자기도 하리니

나를 안전히 살게
하시는 이는

오직
여호와이시니이다

말씀 그리기

말씀 그리기 | 말씀을 끊어서 분리하고 중얼중얼하기

모든 육체에게 / 먹을 것을 주신 이에게 / 감사하라 / 그 인자하심이 영원함이로다 (시편 136:25)

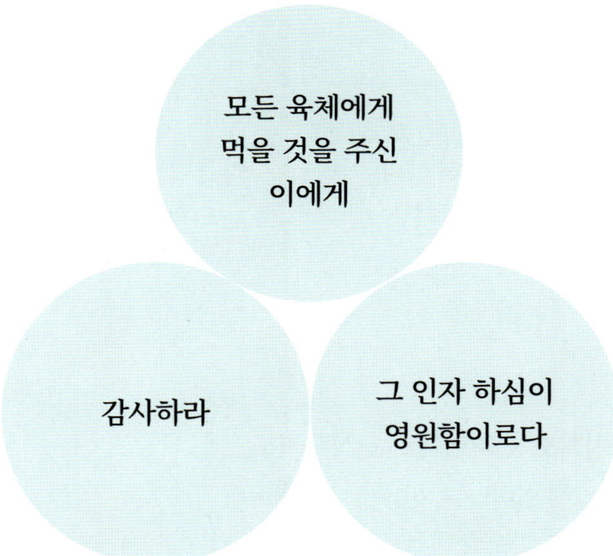

말씀 그리기

말씀 완성 성경의 주소와 말씀의 구절을 매치 시켜 '중얼중얼' 하기

내가 누워 자고
깨었으니
여호와께서 …
(시3:5)

내가 평안히 눕고
자기도 하리니
나를 안전히 …
(시4:8)

모든 육체에게
먹을 것을 주신
이에게 …
(시136:25)

15 아침기도 & 저녁기도 & 식사기도

① 아침에 일어나는 것이 주의 은혜이다.

② 저녁에 잠을 잘 자는 것이 주의 은혜이다.

③ 우리가 먹고 살아가는 모든 것이 주의 은혜이다.

16 축복기도 / 주소 그리기

민수기 6:24 / 교육(6) 이(2) 사(4)랑
민수기 6:25 / 교육(6) 이(2) 오(5)늘
민수기 6:26 / 교육(6) 이(2) 교육(6)

한마디로 정리하면
'교육 이 사랑 교육' (민6:24-26)

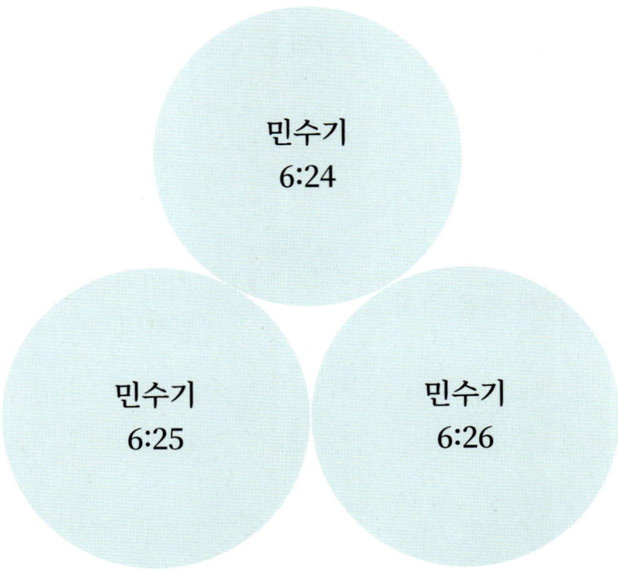

주소 그리기

말씀 그리기 | 말씀을 끊어서 분리하고 중얼중얼하기

여호와는 / 네게 복을 주시고 / 너를 지키시기를 원하며 (민수기 6:24)

여호와는

네게 복을 주시고

너를 지키시기를
원하며

말씀 그리기

말씀 그리기 　말씀을 끊어서 분리하고 중얼중얼하기

여호와는 그의 얼굴을 / 네게 비추사 / 은혜 베푸시기를 원하며 (민수기 6:25)

여호와는 그의 얼굴을

네게 비추사

은혜 베푸시기를 원하며

말씀 그리기

말씀 그리기 | 말씀을 끊어서 분리하고 중얼중얼하기

여호와는 그 얼굴을 / 네게로 향하여 드사 / 평강 주시기를 원하노라 할지니라 하라 (민수기 6:26)

여호와는 그의
얼굴을

네게로 향하여
드사

평강 주시기를
원하노라 할지니라
하라

말씀 그리기

말씀 완성 성경의 주소와 말씀의 구절을 매치 시켜 '중얼중얼' 하기

여호와는 네게 복을 주시고 너를 지키시기를 …
(민6:24)

여호와는 그의 얼굴을 네게 비추사 은혜 …
(민6:25)

여호와는 그 얼굴을 네게로 향하여 드사 평강 …
(민6:26)

16 축복기도 (구약 제사장의 축복기도문)

① 여호와께서 복을 주시고, 지키시기를 기도하라.
② 여호와께서 은혜 베푸시기를 기도하라.
③ 여호와께서 평강 주시기를 기도하라.

17 가르치는 자에게 / 주소 그리기

사무엘상 12:23 / 하나(1)님이(2) 이(2) 삶(3)
요한복음 3:34 / 삼(3)삼(3)한 사(4)랑
고린도전서 2:16 / 둘(2)이 하나(1) 교육(6)

한마디로 정리하면
'하나님이 이 삶을 삼삼한 사랑과 둘이 하나 교육으로 인도한다'

사무엘상
12:23

요한복음
3:34

고린도전서
2:16

주소 그리기

말씀 그리기 말씀을 끊어서 분리하고 중얼중얼하기

나는 너희를 위하여 / 기도하기를 쉬는 죄를 / 여호와 앞에 결단코 범하지 아니하고 / 선하고 의로운 길을 / 너희에게 가르칠 것인즉 (사무엘상 12:23)

나는 너희를 위하여
기도하기를 쉬는 죄를

여호와 앞에
결단코 범하지
아니하고

선하고 의로운
길을 너희에게
가르칠 것인즉

말씀 그리기

말씀 그리기 말씀을 끊어서 분리하고 중얼중얼하기

하나님이 보내신 이는 / 하나님의 말씀을 하나니 / 이는 하나님이 / 성령을 한량없이 주심이니라 (요한복음 3:34)

하나님이 보내신 이는

하나님의 말씀을 하나니 이는 하나님이

성령을 한량없이 주심이니라

말씀 그리기

말씀 그리기 말씀을 끊어서 분리하고 중얼중얼하기

누가 주의 마음을 알아서 / 주를 가르치겠느냐 / 그러나 우리가 그리스도의 마음을 가졌느니라 (고린도전서 2:16)

누가 주의 마음을 알아서

주를 가르치겠느냐

그러나 우리가 그리스도의 마음을 가졌느니라

말씀 그리기

말씀 완성 성경의 주소와 말씀의 구절을 매치 시켜 '중얼중얼' 하기

나는 너희를
위하여 기도하기를
쉬는 죄를 …
(삼상12:23)

하나님이 보내신
이는 하나님의
말씀을 하나니 …
(요3:34)

누가 주의
마음을 알아서
주를 가르치겠느냐
그러나 …
(고전2:16)

17 가르치는 자에게

① 선하고 의로운 길을 가르쳐라. ② 성령으로 가르쳐라.
③ 주님의 마음으로 가르쳐라.

18 오늘을 사는 이에게 / 주소 그리기

마태복음 22:37-40 / 둘(2)이(2) 삶(3) 친(7)밀 사(4)랑이여(0)
마태복음 28:18-20 / 이(2) 팔(8)팔한(1) 팔(8)이(2)여(0)
사도행전 5:42 / 오(5)늘을 사(4)는 이(2)에게

한마디로 정리하면
'둘이 삶, 친밀 사랑이여! 이 팔팔한 팔이여! 오늘을 사는 이에게'

마태복음
22:37-40

마태복음
28:18-20

사도행전
5:42

주소 그리기

말씀 그리기 | 말씀을 끊어서 분리하고 중얼중얼하기

예수께서 이르시되 / 네 마음을 다하고 / 목숨을 다하고 / 뜻을 다하여 / 주 너의 하나님을 사랑하라 하셨으니 / 이것이 크고 첫째 되는 계명이요 / 둘째도 그와 같으니 / 네 이웃을 네 자신 같이 사랑하라 하셨으니 / 이 두 계명이 온 율법과 선지자의 강령이니라 (마태복음 22:37-40)

예수께서 이르시되
네 마음을 다하고
목숨을 다하고 …

이것이 크고
첫째 되는
계명이요 둘째도
그와 같으니 …

이 두 계명이 온
율법과 선지자의
강령이니라

말씀 그리기

말씀 그리기 | 말씀을 끊어서 분리하고 중얼중얼하기

예수께서 나아와 말씀하여 이르시되 / 하늘과 땅의 모든 권세를 / 내게 주셨으니 / 그러므로 너희는 가서 / 모든 민족을 제자로 삼아 / 아버지와 아들과 성령의 이름으로 세례를 베풀고 / 내가 너희에게 분부한 모든 것을 / 가르쳐 지키게 하라 / 볼지어다 내가 세상 끝날까지 / 너희와 항상 함께 있으리라 하시니라 (마태복음 28:18-20)

예수께서 나아와
말씀하여 이르시되
하늘과 땅의 모든
권세를 …

모든 민족을
제자로 삼아
아버지와 아들과
성령의 이름으로
세례를 …

볼지어다 내가
세상 끝날까지
너희와 항상 함께
있으리라 하시니라

말씀 그리기

말씀 그리기 | 말씀을 끊어서 분리하고 중얼중얼하기

그들이 날마다 성전에 있든지 / 집에 있든지 / 예수는 그리스도라고 / 가르치기와 전도하기를 그치지 아니하니라 (사도행전 5:42)

그들이 날마다
성전에 있든지
집에 있든지

예수는
그리스도라고

가르치기와
전도하기를 그치지
아니하니라

말씀 그리기

말씀 완성 성경의 주소와 말씀의 구절을 매치 시켜 '중얼중얼' 하기

예수께서
이르시되 네 마음을
다하고 목숨을 …
(마22:37-40)

예수께서 나아와
말씀하여 이르시되
하늘과 땅의 …
(마28:18-20)

그들이 날마다
성전에 있든지
집에 있든지 …
(행5:42)

18 오늘을 사는 이에게

① 하나님을 사랑하고, 이웃을 사랑하라.
② 주님의 지상최대의 명령을 실천하라(인간화·제자화·세계화).
③ 예수는 그리스도라고 가르치고 전도하라.

19 세상을 읽는 눈 / 주소 그리기

고린도전서 15:17 / 일(1)생 오(5)늘 일(1)생 친(7)밀
마태복음 10:28 / 한(1) 영(0)혼 이(2)팔(8)청춘
창세기 1:27 / 하나(1)님이(2) 친(7)밀하게

한마디로 정리하면
'일생 오늘 일생 친밀은 한 영혼 이팔청춘과 하나님이 친밀하게 한다'

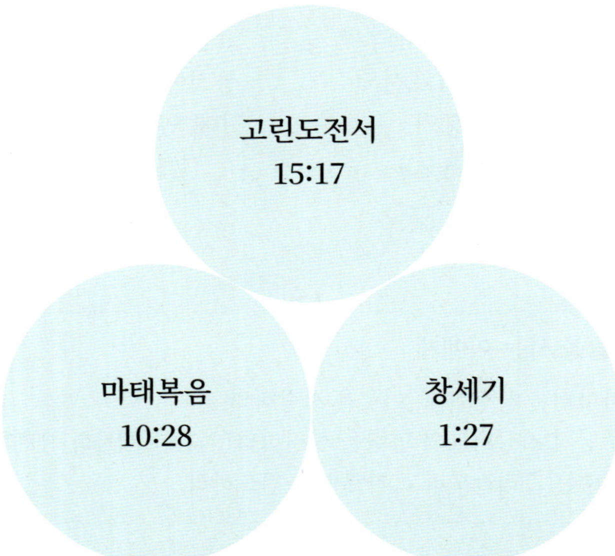

주소 그리기

말씀 그리기 | 말씀을 끊어서 분리하고 중얼중얼하기

그리스도께서 다시 살아나신 일이 없으면 / 너희의 믿음도 헛되고 / 너희가 여전히 / 죄 가운데 있을 것이요 (고린도전서 15:17)

그리스도께서
다시 살아나신
일이 없으면

너희의 믿음도
헛되고

너희가 여전히
죄 가운데 있을
것이요

말씀 그리기

___

___

___

말씀 그리기 **말씀을 끊어서 분리하고 중얼중얼하기**

몸은 죽여도 / 영혼은 능히 죽이지 못하는 자들을 / 두려워하지 말고 / 오직 몸과 영혼을 / 능히 지옥에 멸하실 수 있는 / 이를 두려워하라

(마태복음 10:28)

몸은 죽여도
영혼은 능히
죽이지 못하는
자들을

두려워하지 말고
오직 몸과 영혼을

능히 지옥에
멸하실 수 있는
이를 두려워하라

말씀 그리기

말씀 그리기 | 말씀을 끊어서 분리하고 중얼중얼하기

하나님이 자기 형상 / 곧 하나님의 형상대로 / 사람을 창조하시되 / 남자와 여자를 창조하시고 (창세기 1:27)

하나님이 자기 형상 곧 하나님의 형상대로

사람을 창조하시되

남자와 여자를 창조하시고

말씀 그리기

____

____

____

말씀 완성 성경의 주소와 말씀의 구절을 매치 시켜 '중얼중얼' 하기

그리스도께서
다시 살아나신
일이 없으면 …
(고전15:17)

몸은 죽여도
영혼은 능히
죽이지 못하는 …
(마10:28)

하나님이 자기
형상 곧 하나님의
형상대로 …
(창1:27)

19 세상을 읽는 눈

① 검은 물결(이슬람)이 나라를 무너뜨린다.
② 붉은 물결(공산주의)이 교회를 무너뜨린다.
③ 무지개 물결(동성애)이 가정을 무너뜨린다.

20 고난이 올 때 / 주소 그리기

마태복음 10:29 / 한(1) 영(0)혼 이(2) 구(9)원
잠언 16:3 / 일(1)생 교육(6) 삶(3)
잠언 16:9 / 일(1)생 교육(6) 구(9)원

한마디로 정리하면
'한 영혼 이 구원은 일생 교육 삶과 일생 교육 구원에 있다'

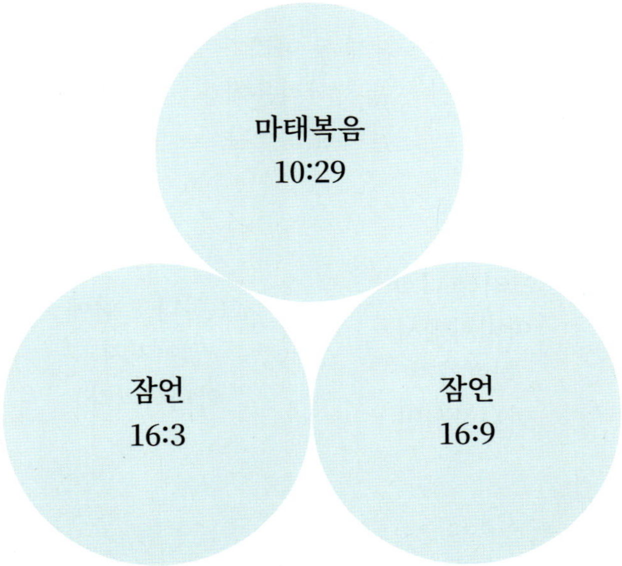

주소 그리기

말씀 그리기 | 말씀을 끊어서 분리하고 중얼중얼하기

참새 두 마리가 한 앗사리온에 팔리지 않느냐 / 그러나 너희 아버지께서 허락하지 아니하시면 / 그 하나도 땅에 떨어지지 아니하리라
(마태복음 10:29)

참새 두 마리가
한 앗사리온에
팔리지 않느냐

그러나 너희
아버지께서
허락하지
아니하시면

그 하나도 땅에
떨어지지
아니하리라

말씀 그리기

말씀 그리기 **말씀을 끊어서 분리하고 중얼중얼하기**

너의 행사를 여호와께 맡기라 / 그리하면 네가 경영하는 것이 / 이루어지리라 (잠언 16:3)

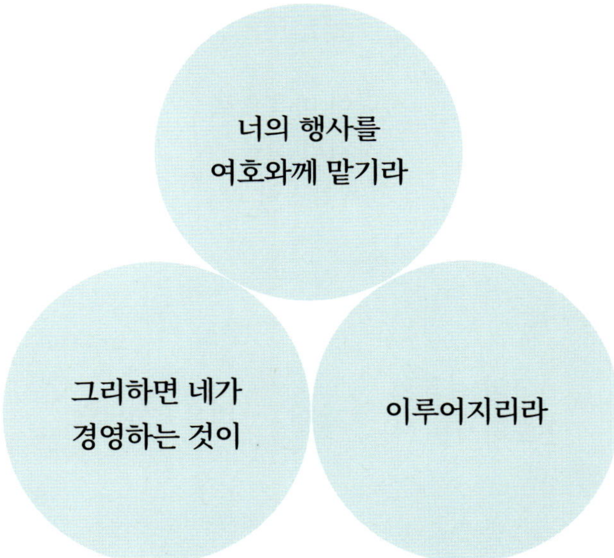

말씀 그리기

말씀 그리기 말씀을 끊어서 분리하고 중얼중얼하기

사람이 마음으로 / 자기의 길을 계획할지라도 / 그의 걸음을 인도하시는 이는 / 여호와시니라 (잠언 16:9)

사람이 마음으로
자기의 길을
계획할지라도

그의 걸음을
인도하시는 이는

여호와시니라

말씀 그리기

말씀 완성 성경의 주소와 말씀의 구절을 매치 시켜 '중얼중얼' 하기

참새 두 마리가
한 앗사리온에
팔리지 않느냐 …
(마10:29)

너의 행사를
여호와께 맡기라
그리하면 …
(잠16:3)

사람이 마음으로
자기의 길을
계획할지라도 …
(잠16:9)

20 고난이 올 때

① 하나님의 주권을 인정하라. ② 하나님께 맡겨라.
③ 하나님의 인도를 받아라.

21 동행할 때 / 주소 그리기

아모스 3:3 / 삼(3) 땡(3)
사도행전 2:46-47 / 이(2) 사(4)랑 교육(6) 친(7)밀
시편 133:1 / 일(1)생 삶(3) 삶(3)의 일(1)치

한마디로 정리하면
'삼 땡은 이 사랑 교육 친밀과 일생 삶, 삶의 일치이다'

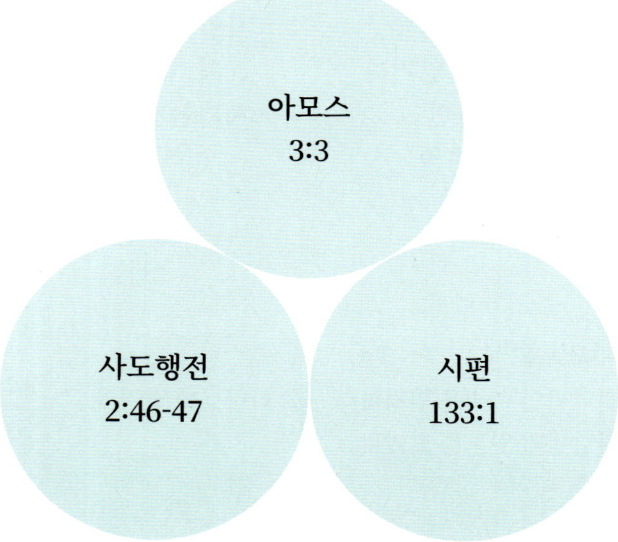

주소 그리기

말씀 그리기 | 말씀을 끊어서 분리하고 중얼중얼하기

두 사람이 / 뜻이 같지 않은데 / 어찌 동행하겠으며 (아모스 3:3)

두 사람이

뜻이 같지 않은데

어찌 동행하겠으며

말씀 그리기

말씀 그리기 말씀을 끊어서 분리하고 중얼중얼하기

날마다 마음을 같이하여 / 성전에 모이기를 힘쓰고 / 집에서 떡을 떼며 / 기쁨과 순전한 마음으로 음식을 먹고 / 하나님을 찬미하며 / 또 온 백성에게 칭송을 받으니 / 주께서 구원 받는 사람을 / 날마다 더하게 하시니라 (사도행전 2:46-47)

날마다 마음을
같이하여 성전에
모이기를 힘쓰고 …

하나님을 찬미하며
또 온 백성에게
칭송을 받으니

주께서 구원받는
사람을 날마다
더하게 하시니라

말씀 그리기

말씀 그리기 　말씀을 끊어서 분리하고 중얼중얼하기

보라 형제가 연합하여 / 동거함이 / 어찌 그리 선하고 아름다운고 (시편 133:1)

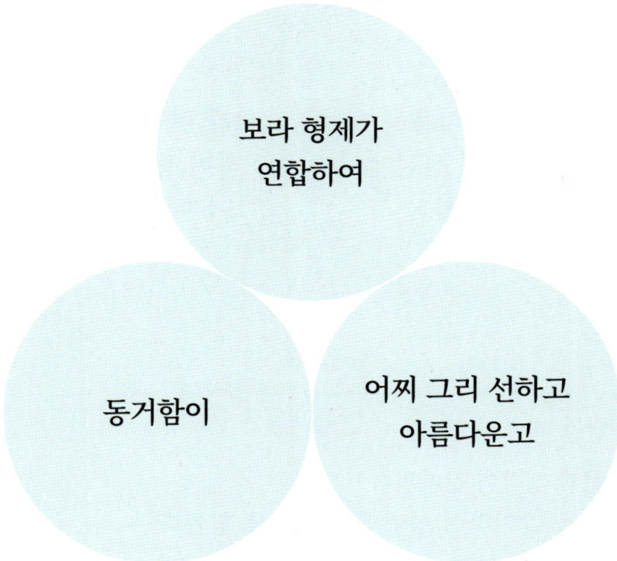

말씀 그리기

말씀 완성 성경의 주소와 말씀의 구절을 매치 시켜 '중얼중얼' 하기

두 사람이
뜻이 같지 않은데
어찌 동행 …
(암3:3)

날마다 마음을
같이하여 성전에
모이기를 …
(행2:46-47)

보라 형제가 연합
하여 동거함이
어찌 그리 …
(시133:1)

21 동행할 때

① 마음과 생각이 같아진다.
② 마음을 같이하여 성전에 모이기를 힘쓴다.
③ 형제가 연합하여 동거함이 선하고 아름답다.

22 사역할 때 / 주소 그리기

고린도전서 4:20 / 사(4)랑이(2)여(0)
베드로전서 4:11 / 사(4)역의 두 기둥(11)
빌립보서 4:13 / 사(4)랑하(1)는 삶(3)

한마디로 정리하면
'사랑이여! 사역의 두 기둥은 사랑하는 삶이다'

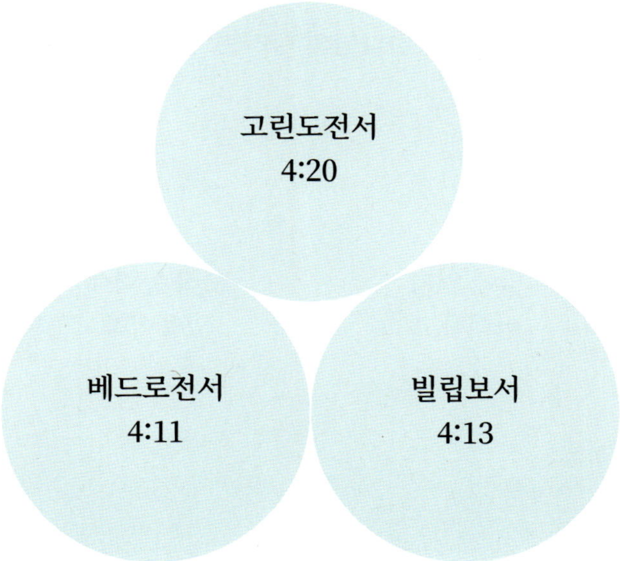

주소 그리기

말씀 그리기 말씀을 끊어서 분리하고 중얼중얼하기

하나님의 나라는/말에 있지 아니하고/오직 능력에 있음이라 (고린도전서 4:20)

하나님의 나라는

말에 있지
아니하고

오직 능력에
있음이라

말씀 그리기

말씀 그리기 말씀을 끊어서 분리하고 중얼중얼하기

만일 누가 말하려면 / 하나님의 말씀을 하는 것 같이 하고 / 누가 봉사하려면 / 하나님이 공급하시는 힘으로 하는 것 같이 하라 / 이는 범사에 / 예수 그리스도로 말미암아 / 하나님이 영광을 받으시게 하려 함이니 / 그에게 영광과 권능이 / 세세에 무궁하도록 있느니라 아멘 (베드로전서 4:11)

만일 누가
말하려면 하나님의
말씀을 하는 것
같이 하고 …

하나님이 공급
하시는 힘으로
하는 것 같이
하라 …

하나님이 영광을
받으시게 하려
함이니 그에게
영광과 권능이 …

말씀 그리기

말씀 그리기 말씀을 끊어서 분리하고 중얼중얼하기

내게 능력 주시는 자 안에서 / 내가 모든 것을 / 할 수 있느니라 (빌립보서 4:13)

내게 능력 주시는
자 안에서

내가 모든 것을

할 수 있느니라

말씀 그리기

말씀 완성 성경의 주소와 말씀의 구절을 매치 시켜 '중얼중얼' 하기

하나님의 나라는
말에 있지
아니하고 …
(고전4:20)

누가 봉사하려면
하나님이
공급하시는 …
(벧전4:11)

내게 능력 주시는
자 안에서 내가
모든 것을 …
(빌4:13)

22 사역할 때

① 말로만 하지 않는다. ② 하나님이 주신 힘으로 한다.
③ 내게 능력 주시는 자 안에서 내가 모든 것을 할 수 있다.

23 성경이 열릴 때 / 주소 그리기

시편 119:18 / 일(1)생 일(1)대 구(9)원(1) 팔(8)팔하게
누가복음 24:32 / 이(2)사(4) 삶(3)이(2)
누가복음 24:45 / 이(2)사(4) 사(4)랑하오(5)

한마디로 정리하면
'일생일대 구원 팔팔하게, 이사 삶이와 이사 사랑하오'

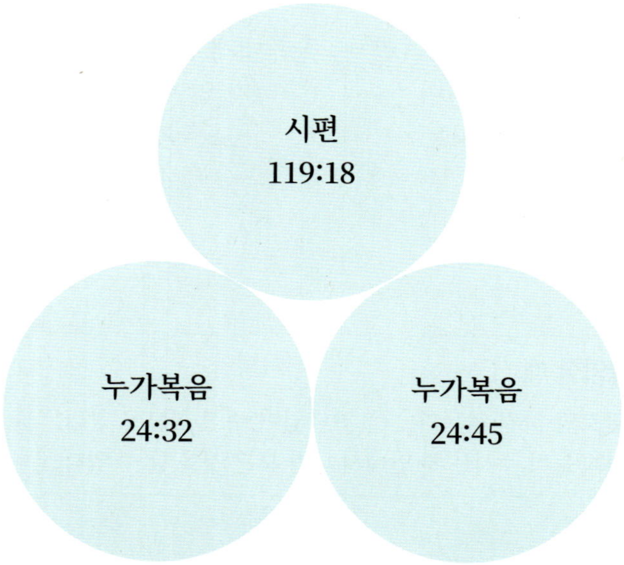

주소 그리기

말씀 그리기 **말씀을 끊어서 분리하고 중얼중얼하기**

내 눈을 열어서 / 주의 율법에서 / 놀라운 것을 보게 하소서 (시편 119:18)

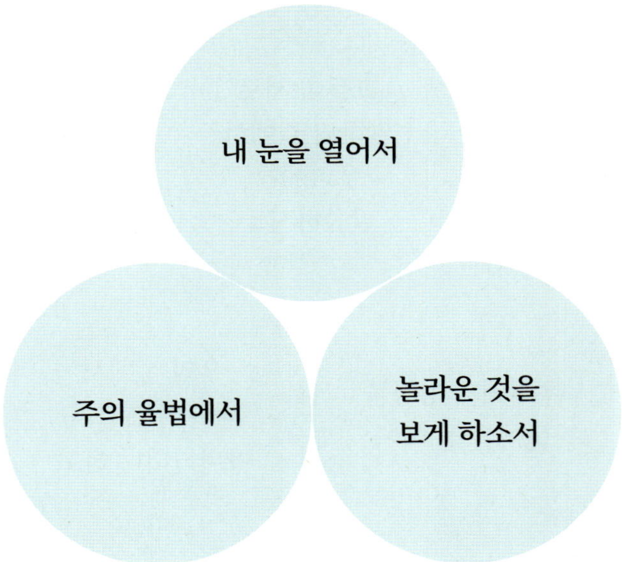

말씀 그리기

말씀 그리기 말씀을 끊어서 분리하고 중얼중얼하기

그들이 서로 말하되 / 길에서 우리에게 말씀하시고 / 우리에게 성경을 풀어 주실 때에 / 우리 속에서 / 마음이 뜨겁지 아니하더냐 하고 (누가복음 24:32)

그들이 서로
말하되 길에서
우리에게
말씀하시고

우리에게 성경을
풀어 주실 때에

우리 속에서
마음이 뜨겁지
아니하더냐 하고

말씀 그리기

말씀 그리기 **말씀을 끊어서 분리하고 중얼중얼하기**

이에 그들의 마음을 열어 / 성경을 / 깨닫게 하시고 (누가복음 24:45)

이에 그들의
마음을 열어

성경을

깨닫게 하시고

말씀 그리기

말씀 완성 성경의 주소와 말씀의 구절을 매치 시켜 '중얼중얼' 하기

내 눈을 열어서
주의 율법에서
놀라운 것을 …
(시119:18)

그들이 서로
말하되 길에서
우리에게 …
(눅24:32)

이에 그들의
마음을 열어
성경을 …
(눅24:45)

23 성경이 열릴 때

① 주의 율법에서 놀라운 것을 본다.
② 성경이 깨달아지면 마음이 뜨거워진다.
③ 마음이 열리면 성경이 깨달아진다.

24 시험이 올 때 / 주소 그리기

고린도전서 10:13 / 한(1) 영(0)혼 하루(1) 삶(3)
로마서 8:26 / 빨(8)리(2) 교육(6)
로마서 8:28 / 빨(8)리(2) 팔(8)팔하게

한마디로 정리하면
'한 영혼 하루 삶은 빨리 교육해야 빨리 팔팔하게 된다'

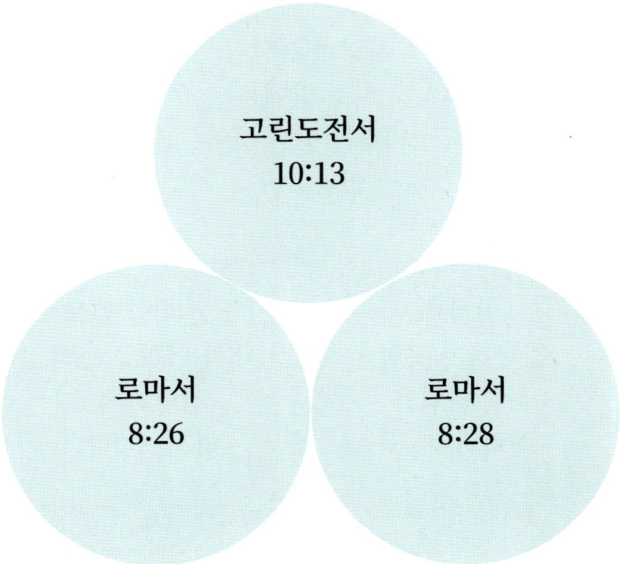

주소 그리기

말씀 그리기 | 말씀을 끊어서 분리하고 중얼중얼하기

사람이 감당할 시험 밖에는 / 너희가 당한 것이 없나니 / 오직 하나님은 미쁘사 / 너희가 감당하지 못할 / 시험 당함을 허락하지 아니하시고 / 시험 당할 즈음에 / 또한 피할 길을 내사 / 너희로 능히 / 감당하게 하시느니라 (고린도전서 10:13)

사람이 감당할
시험 밖에는
너희가 당한 것이
없나니 …

너희가
감당하지 못할
시험 당함을
허락하지 …

또한 피할 길을
내사 너희로 능히
감당하게
하시느니라

말씀 그리기

말씀 그리기 말씀을 끊어서 분리하고 중얼중얼하기

이와 같이 성령도 / 우리의 연약함을 도우시나니 / 우리는 마땅히 기도할 바를 알지 못하나 / 오직 성령이 / 말할 수 없는 탄식으로 / 우리를 위하여 친히 간구하시느니라 (로마서 8:26)

이와 같이 성령도
우리의 연약함을
도우시나니

우리는 마땅히
기도할 바를 알지
못하나 오직
성령이

말할 수 없는
탄식으로 우리를
위하여 친히
간구하시느니라

말씀 그리기

말씀 그리기 말씀을 끊어서 분리하고 중얼중얼하기

우리가 알거니와 / 하나님을 사랑하는 자 / 곧 그의 뜻대로 / 부르심을 입은 자들에게는 / 모든 것이 합력하여 / 선을 이루느니라 (로마서 8:28)

우리가 알거니와
하나님을
사랑하는 자

곧 그의 뜻대로
부르심을 입은
자들에게는

모든 것이
합력하여 선을
이루느니라

말씀 그리기

말씀 완성 성경의 주소와 말씀의 구절을 매치 시켜 '중얼중얼' 하기

사람이 감당할
시험 밖에는
너희가 …
(고전10:13)

이와 같이 성령도
우리의 연약함을
도우시나니 …
(롬8:26)

우리가 알거니와
하나님을
사랑하는 자 …
(롬8:28)

24 시험이 올 때

① 주님이 감당하게 하신다. ② 우리의 연약함을 성령이 도우신다.
③ 하나님을 사랑하는 자는 모든 것을 합력하여 선을 이루어 주신다.

25 욕심이 올라올 때 / 주소 그리기

야고보서 1:15 / 일(1)생 일(1)대 오(5)늘
야고보서 4:1 / 사(4)욕을 일(1)삼는 자
디모데전서 6:7 / 육(6)이 친(7)밀한 자

한마디로 정리하면
'일생 일대 오늘은 사욕을 일삼는 자와 육이 친밀한 자와 사귀지 말라'

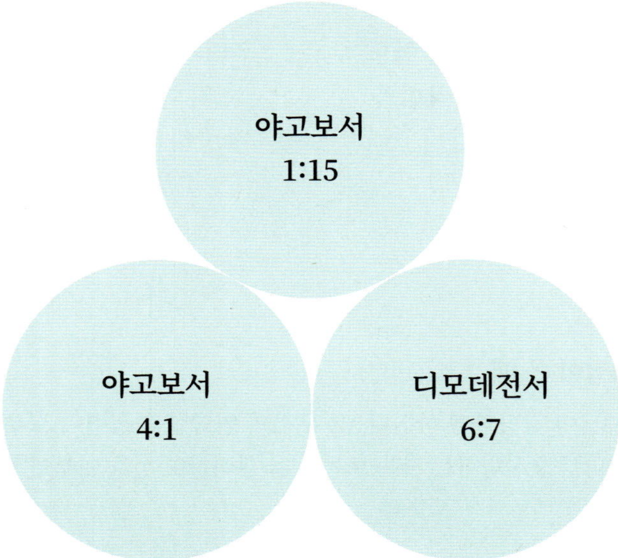

주소 그리기

말씀 그리기 | 말씀을 끊어서 분리하고 중얼중얼하기

욕심이 잉태한즉 / 죄를 낳고 / 죄가 장성한즉 / 사망을 낳느니라 (야고보서 1:15)

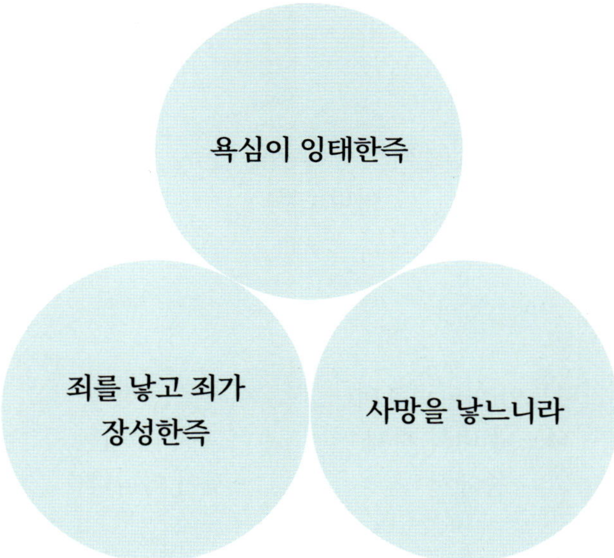

말씀 그리기

말씀 그리기 말씀을 끊어서 분리하고 중얼중얼하기

너희 중에 싸움이 어디로부터 / 다툼이 어디로부터 나느냐 / 너희 지체 중에서 / 싸우는 정욕으로부터 / 나는 것이 아니냐 (야고보서 4:1)

너희 중에 싸움이 어디로부터

다툼이 어디로부터 나느냐 너희 지체 중에서

싸우는 정욕으로부터 나는 것이 아니냐

말씀 그리기

말씀 그리기 | 말씀을 끊어서 분리하고 중얼중얼하기

우리가 세상에 아무 것도 / 가지고 온 것이 없으매 / 또한 아무 것도 / 가지고 가지 못하리니 (디모데전서 6:7)

우리가 세상에
아무 것도

가지고 온 것이
없으매

또한 아무 것도
가지고 가지
못하리니

말씀 그리기

말씀 완성 성경의 주소와 말씀의 구절을 매치 시켜 '중얼중얼' 하기

욕심이 잉태한즉
죄를 낳고 죄가
장성한즉 …
(약1:15)

너희 중에
싸움이 어디서부터
다툼이 …
(약4:1)

우리가 세상에
아무 것도 가지고
온 것이 …
(딤전6:7)

25 욕심이 올라올 때

① 욕심이 잉태하면 죄를 낳는다. ② 싸움과 다툼은 정욕에서 난다.
③ 빈손으로 온 인생, 빈손으로 간다.

26 우선순위가 흔들릴 때 / 주소 그리기

마태복음 6:33 / 교육(6) 삼(3)삼(3)하게
마태복음 5:23-24 / 오(5)늘 이(2) 삶(3) 사(4)랑
마태복음 7:12 / 친(7)밀한(1) 이(2)에게

한마디로 정리하면
'교육 삼삼하게, 오늘 이 삶 사랑, 친밀한 이에게'

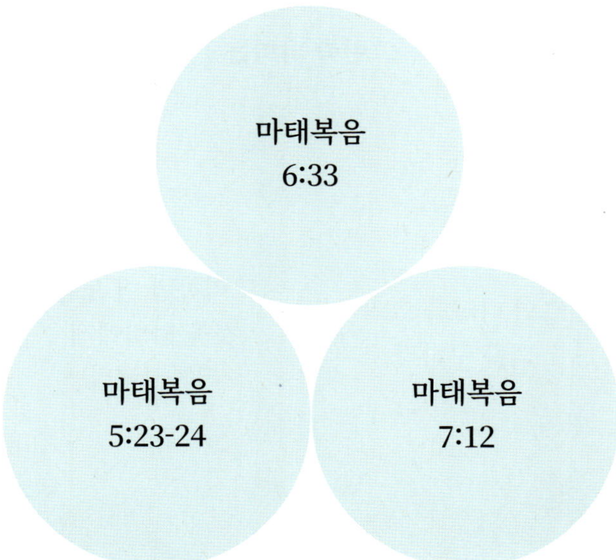

주소 그리기

말씀 그리기 | 말씀을 끊어서 분리하고 중얼중얼하기

그런즉 너희는 먼저 / 그의 나라와 그의 의를 구하라 / 그리하면 이 모든 것을 너희에게 더하시리라 (마태복음 6:33)

그런즉 너희는 먼저

그의 나라와 그의 의를 구하라

그리하면 이 모든 것을 너희에게 더하시리라

말씀 그리기

말씀 그리기 말씀을 끊어서 분리하고 중얼중얼하기

그러므로 예물을 제단에 드리려다가 / 거기서 네 형제에게 원망들을 만한 / 일이 있는 것이 생각나거든 / 예물을 제단 앞에 두고 / 먼저 가서 형제와 화목하고 / 그 후에 와서 예물을 드리라 (마태복음 5:23-24)

그러므로 예물을
제단에 드리려다가
거기서 네 형제에게
원망들을 만한

일이 있는 것이
생각나거든 예물을
제단 앞에 두고
먼저 가서

형제와 화목하고
그 후에 와서
예물을 드리라

말씀 그리기

말씀 그리기 | 말씀을 끊어서 분리하고 중얼중얼하기

그러므로 무엇이든지 / 남에게 대접을 받고자 하는 대로 / 너희도 남을 대접하라 / 이것이 율법이요 선지자니라 (마태복음 7:12)

그러므로
무엇이든지 남에게
대접을 받고자
하는 대로

너희도 남을
대접하라

이것이 율법이요
선지자니라

말씀 그리기

말씀 완성 성경의 주소와 말씀의 구절을 매치 시켜 '중얼중얼' 하기

그런즉 너희는
먼저 그의 나라와
그의 의를 …
(마6:33)

그러므로 예물을
제단에 드리려다가
거기서 네 형제 …
(마5:23-24)

그러므로
무엇이든지 남에게
대접을 받고자…
(마7:12)

26 우선순위가 흔들릴 때

① 너희는 먼저 그의 나라와 그의 의를 구하라.

② 너희는 먼저 형제와 화목하라.

③ 너희는 먼저 남에게 대접받고자 하는 대로 남을 대접하라.

27 주님 오실 때 / 주소 그리기

누가복음 18:8 / 일(1)생 팔(8)팔(8)한 믿음
마태복음 16:27 / 일(1)생 교육(6) 이(2) 친(7)밀
요한복음 14:3 / 하나(1)님을 사(4)랑하는 삶(3)

한마디로 정리하면
'일생 팔팔한 믿음은 일생 교육 이 친밀과 하나님을 사랑하는 삶에서 온다'

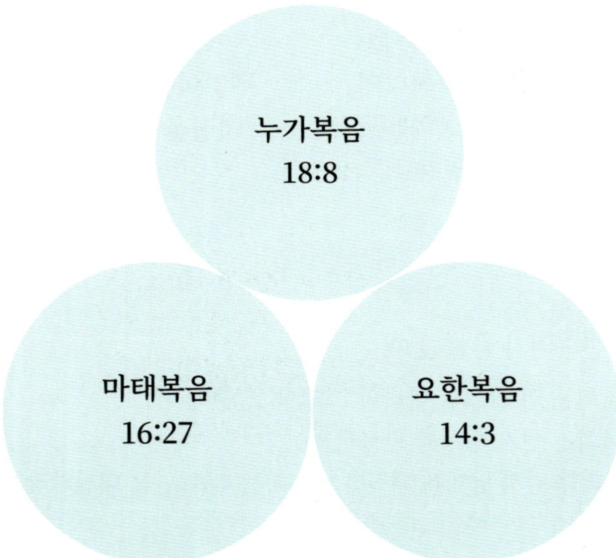

주소 그리기

말씀 그리기 | 말씀을 끊어서 분리하고 중얼중얼하기

내가 너희에게 이르노니 / 속히 그 원한을 풀어 주시리라 / 그러나 인자가 올 때에 / 세상에서 믿음을 보겠느냐 하시니라 (누가복음 18:8)

내가 너희에게 이르노니 속히 그 원한을 풀어 주시리라

그러나 인자가 올 때에

세상에서 믿음을 보겠느냐 하시니라

말씀 그리기

말씀 그리기 말씀을 끊어서 분리하고 중얼중얼하기

인자가 아버지의 영광으로 / 그 천사들과 함께 오리니 / 그 때에 각 사람이 행한 대로 / 갚으리라 (마태복음 16:27)

인자가 아버지의
영광으로

그 천사들과 함께
오리니

그 때에 각
사람이 행한 대로
갚으리라

말씀 그리기

말씀 그리기 **말씀을 끊어서 분리하고 중얼중얼하기**

가서 너희를 위하여 / 거처를 예비하면 / 내가 다시 와서 / 너희를 내게로 영접하여 / 나 있는 곳에 / 너희도 있게 하리라 (요한복음 14:3)

가서 너희를 위하여
거처를 예비하면

내가 다시 와서
너희를 내게로
영접하여

나 있는 곳에
너희도 있게
하리라

말씀 그리기

말씀 완성 성경의 주소와 말씀의 구절을 매치 시켜 '중얼중얼' 하기

내가 너희에게 이르노니 속히 그 원한을 풀어 …
(눅18:8)

인자가 아버지의 영광으로 그 천사들과 함께 …
(마16:27)

가서 너희를 위하여 거처를 예비하면…
(요14:3)

27 주님 오실 때

① 믿음을 보신다. ② 행한 대로 갚으신다. ③ 우리는 주님과 함께 산다.

28 새벽 기도의 의미 / 주소 그리기

시편 46:5 / 사(4)랑 교육(6) 오(5)늘
시편 108:2 / 하나(1)님의 영(0)원한 팔(8)이(2) 나를 깨운다.
마가복음 1:35 / 일(1)상(3) 오(5)늘 기도

한마디로 정리하면
'사랑 교육 오늘은 하나님의 영원한 팔이 나를 깨우니 일상 오늘 기도한다'

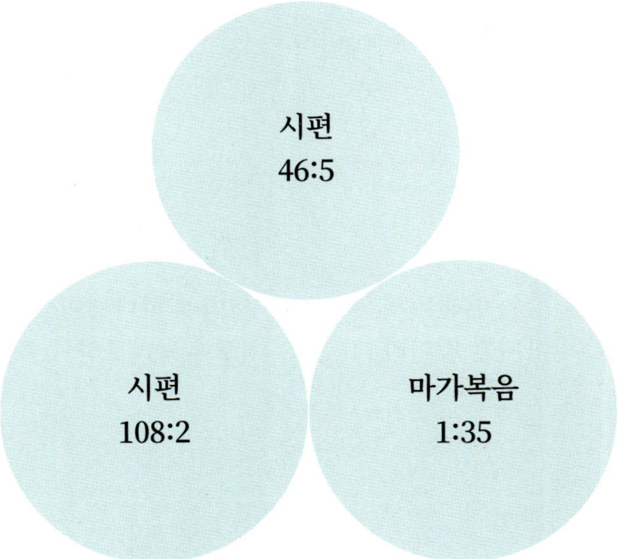

주소 그리기

말씀 그리기 | 말씀을 끊어서 분리하고 중얼중얼하기

하나님이 그 성 중에 계시매 / 성이 흔들리지 아니할 것이라 / 새벽에 하나님이 도우시리로다 (시편 46:5)

하나님이 그 성
중에 계시매

성이 흔들리지
아니할 것이라

새벽에 하나님이
도우시리로다

말씀 그리기

말씀 그리기 | 말씀을 끊어서 분리하고 중얼중얼하기

비파야, 수금아 / 깰지어다 / 내가 새벽을 깨우리로다 (시편 108:2)

비파야, 수금아

깰지어다

내가 새벽을
깨우리로다

말씀 그리기

말씀 그리기 말씀을 끊어서 분리하고 중얼중얼하기

새벽 아직도 밝기 전에 / 예수께서 일어나 / 나가 한적한 곳으로 가사 / 거기서 기도하시더니 (마가복음 1:35)

새벽 아직도
밝기 전에
예수께서 일어나

나가 한적한
곳으로 가사

거기서
기도하시더니

말씀 그리기

말씀 완성 성경의 주소와 말씀의 구절을 매치 시켜 '중얼중얼' 하기

하나님이
그 성 중에 계시매
성이 흔들리지 …
(시46:5)

비파야, 수금아
깰지어다
내가 새벽을 …
(시108:2)

새벽 아직도
밝기 전에
예수께서 일어나…
(막1:35)

28 새벽기도의 의미

① 새벽에 하나님이 도우신다. ② 내가 새벽을 깨우리라.
③ 예수님도 새벽을 깨우셨다.

29 여호와를 힘써 알자 / 주소 그리기

호세아 6:3 / 교육(6)의 삶(3)
잠언 1:7 / 일(1)생 친(7)밀
잠언 9:10 / 구(9)원(1) 영(0)원하다

한마디로 정리하면
'교육의 삶은 일생 친밀과 구원 영원하다'

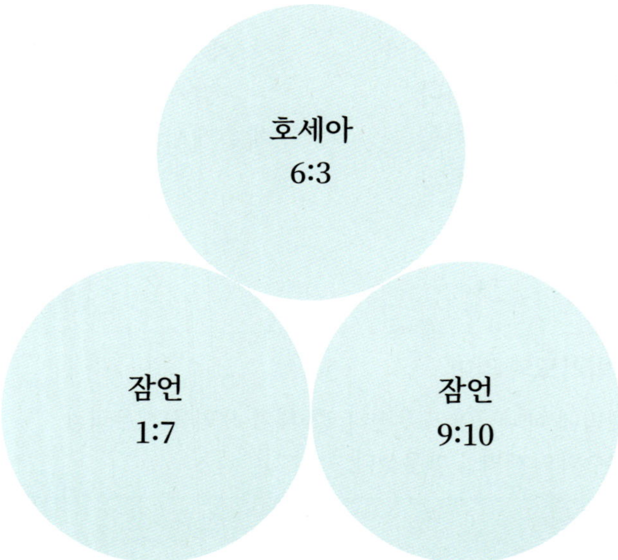

주소 그리기

말씀 그리기 | 말씀을 끊어서 분리하고 중얼중얼하기

그러므로 우리가 여호와를 알자 / 힘써 여호와를 알자 / 그의 나타나심은 새벽 빛 같이 어김없나니 / 비와 같이 땅을 적시는 / 늦은 비와 같이 / 우리에게 임하시리라 하니라 (호세아 6:3)

그러므로 우리가
여호와를 알자 힘써
여호와를 알자

그의 나타나심은
새벽 빛 같이
어김없나니 비와
같이 땅을 적시는

늦은 비와 같이
우리에게
임하시리라 하니라

말씀 그리기

말씀 그리기 말씀을 끊어서 분리하고 중얼중얼하기

여호와를 경외하는 것이 / 지식의 근본이거늘 / 미련한 자는 / 지혜와 훈계를 멸시하느니라 (잠언 1:7)

여호와를 경외하는 것이 지식의 근본이거늘

미련한 자는

지혜와 훈계를 멸시하느니라

말씀 그리기

말씀 그리기 말씀을 끊어서 분리하고 중얼중얼하기

여호와를 경외하는 것이 / 지혜의 근본이요 / 거룩하신 자를 아는 것이 명철이니라 (잠언 9:10)

여호와를 경외하는 것이

지혜의 근본이요

거룩하신 자를 아는 것이 명철이니라

말씀 그리기

말씀 완성 | 성경의 주소와 말씀의 구절을 매치 시켜 '중얼중얼' 하기

그러므로 우리가
여호와를 알자
힘써 여호와를 …
(호6:3)

여호와를
경외하는 것이
지식의 근본 …
(잠1:7)

여호와를
경외하는 것이
지혜의 근본이요…
(잠9:10)

29 여호와를 힘써 알자

① 여호와를 알자 힘써 여호와를 알자.
② 여호와를 경외함이 지식의 시작이다.
③ 여호와를 경외함이 지혜의 시작이다.

생생! 성경그리기 실천편

발행일	2024년 3월 15일
발행인	이종구
저자	정문석
펴낸 곳	에스엔에스소통연구소
주소	서울시 종로구 대학로12길 63 석마빌딩 3층
출판등록	2012년 4월 17일(제 2020-000027호)
책 문의	02-747-3265
팩스	0504-249-6654
이메일	snsforyou@gmail.com

ISBN : 979-11-7046-263-7
값 12,000원